SÉANCE PUBLIQUE

DE

L'ACADÉMIE IMPÉRIALE

DE METZ

DU DIMANCHE 12 MAI 1867.

DISCOURS

PRONONCÉ

PAR M. DOMMANGET, PRÉSIDENT.

LAMOIGNON DE MALESHERBES.

METZ.

F. BLANC, IMPRIMEUR DE L'ACADÉMIE IMPÉRIALE.

1867.

SÉANCE PUBLIQUE

DE

L'ACADÉMIE IMPÉRIALE

DE METZ,

DU DIMANCHE 12 MAI 1867.

DISCOURS

PRONONCÉ

PAR M. DOMMANGET, PRÉSIDENT.

LAMOIGNON DE MALESHERBES.

Messieurs,

L'usage et le règlement de l'Académie, m'obligent à prendre la parole dans cette solennité ; je viens remplir un devoir inséparable de fonctions dont, à mon âge, il était permis de s'effrayer. Si je n'ai pas décliné l'honneur que m'ont fait mes confrères, en me confiant la présidence durant les derniers mois de l'exercice qui expire aujourd'hui, c'est d'abord par déférence pour un témoignage d'affection, vivement apprécié, et c'est aussi pour rester fidèle à une règle de conduite, qui ne me permet pas, quand un travail est à faire, de m'en laisser détourner par calcul de paresse ou d'amour-propre, dans une position offerte et que je n'eusse point ambitionnée.

L'Académie, en m'honorant de ses suffrages, m'a donné le droit de compter sur son indulgence; mais quel est mon titre à la faveur de l'assemblée d'élite qui veut bien m'écouter? Comment justifier, à ses yeux, par un discours capable de l'intéresser, la mission que j'ai reçue de parler au nom d'une société savante?

Pour sortir d'embarras, j'ai choisi mon sujet dans le genre le plus facile, le plus conforme, en tous cas, à d'anciennes habitudes professionnelles, celui de la narration.

Je résumerai une étude sur Lamoignon de Malesherbes, ayant soin de rejeter dans des notes de renvoi, des détails et des preuves qui fatigueraient l'attention.

Ma préférence pour un tel sujet ou plutôt l'inspiration qui m'a porté vers lui s'explique.

Malesherbes est l'un des hommes qui, dans le dernier siècle, ont contribué à définir les droits de la nation et ceux du monarque.

Après avoir été ministre de son Roi, il a eu l'insigne honneur de concourir à sa défense.

Ces deux gloires ne pouvaient s'effacer de mon souvenir. Ce n'est pas seulement parce que les contemporains de Malesherbes lui ont décerné le titre de *vertueux*, sorte de canonisation civique, que trois générations ont ratifiée; ce n'est point parce qu'il s'est montré bienveillant envers les deux frères Lacretelle, nos compatriotes, dont la jeunesse et les premiers travaux ont reçu de lui de paternels encouragements;[1] ce n'est pas non plus par la seule raison

---

[1] *Biographie de la Moselle*, par Em. Bégin, tome II, p. 409. — *Éloge de P. L. Lacretelle*, par M. Sechehaye fils, avocat, — 1866 — p. 19 et 26.

qu'Alexis de Tocqueville, l'illustre élève du collége royal
de Metz, était son arrière-petit-fils et l'héritier de ses doctrines généreuses, c'est encore, — vous me permettez de
le dire, — parce que son image vénérée que notre barreau
tient de sa famille, frappe mes regards, chaque jour,
depuis près d'un demi-siècle et qu'elle semble attendre
de moi un tardif hommage, bien incomplet assurément,
bien peu digne du sujet, mais qui sera l'expression vraie
de mes sentiments. [1]

Je ne parle que de mes sentiments envers Malesherbes et sa mémoire, car je n'entends faire aucune
allusion à la politique, ce qui serait contraire à la mission tacite que j'ai reçue de l'Académie et ce qui im-
pliquerait une violation de son règlement.

Les faits, sans remonter au delà de l'histoire contem-
poraine, sont, heureusement, assez éloignés de nous ; ils
sont trop séparés de ce qui touche aux préoccupations
de notre époque, pour qu'on voie dans ce modeste
essai, autre chose qu'une étude historique et un hommage public à la vertu.

Toutes ces considérations, Messieurs, l'ont emporté
dans mon esprit, à tort peut-être, sur l'inconvénient
très-réel, je le sais, mais inévitable, de réveiller des
souvenirs pleins de tristesse et qu'on voudrait pouvoir
oublier.

J'esquisserai donc à grands traits, renfermée dans un
cadre qui ne doit pas excéder la mesure d'un discours
académique, la vie de Christophe-Guillaume Lamoignon
de Malesherbes, fils de Lamoignon de Blancménil, chancelier de France, et né à Paris, en l'année 1721.

[1] V. la note A.

I.

Ne pouvant suivre Lamoignon de Malesherbes, avec un intérêt égal et constamment soutenu, dans tout le cours de sa carrière, je l'envisage, au début de mon récit, sous la simarre de premier président de la Cour des aides de Paris. Il avait été investi de cette charge, et en même temps, de la direction de la librairie, quoi qu'il n'eût pas encore atteint sa trentième année. On touchait à la fin du règne de Louis XV. Les désordres de la régence et les scandales qui l'ont suivie de près, des abus invétérés que ne protégeait plus pour leur servir de voile, le prestige d'une autorité qui sût se faire respecter en se respectant elle-même, avaient jeté dans tous les esprits un ardent et légitime besoin de réformes sociales.

En remontant aux origines de la monarchie, on se demandait s'il n'était pas possible d'y découvrir les traces d'un contrat primitif qui se serait formé entre le peuple et la royauté; si les droits de la nation et ceux du souverain n'y auraient pas laissé une empreinte ineffaçable, quant à l'affranchissement des personnes et au libre vote de l'impôt. La discussion s'engageait, vive et passionnée, en s'égarant quelquefois sur d'autres questions d'un ordre secondaire; mais on s'accordait pour affirmer le droit héréditaire à la couronne, *tant qu'un héritier mâle ne fait pas défaut à la race ;* on acceptait alors ce principe comme base fondamentale et comme règle inflexible du droit public, en France, comme sauvegarde inviolable et nécessaire des intérêts de tous.

Le droit héréditaire ainsi réservé, l'esprit d'opposition à l'autorité royale ne laissait pas de s'échauffer au milieu de la lutte qui s'était ouverte entre les parlements et le chancelier Maupeou ; elle se faisait jour dans de chaleureuses remontrances, que ces grands corps, tout à la fois judiciaires et politiques, savaient porter au pied du trône.

Le Parlement de Paris n'était pas le seul qui fît entendre d'énergiques discours : c'étaient aussi la Chambre des comptes et la Cour des aides, se posant, à des degrés divers, en organes de l'opinion publique. Cette dernière compagnie se distinguait et attirait l'attention par des remontrances assidues et courageuses, qui étaient, suivant l'historien Charles Lacretelle, l'ouvrage de son premier président, Lamoignon de Malesherbes :

« Le droit public de la France, — c'est Lacretelle qui parle, — n'avait jamais été présenté avec plus d'art ni plus de profondeur que dans ces remontrances. On eût cru, en les lisant, que la Constitution de la France posait sur des bases immuables. Malesherbes effrayait les ministres ambitieux, qui essayaient de les renverser et substituaient l'action violente, mais instable du despotisme à la marche lente et régulière d'une monarchie. Ces remontrances étaient enfin l'ouvrage le plus éloquent que la magistrature eût produit, dans un règne où elle avait acquis une si imposante considération. » [1]

La suppression du Parlement de Paris et de la Cour des aides, en 1771, fut suivie de l'exil du courageux Lamoignon de Malesherbes.

Rappelé, lors du rétablissement de la Cour des aides, à l'avénement du règne de Louis XVI, le discours qu'il prononça, à l'audience de réinstallation, présidée par M. le comte d'Artois, le 12 novembre 1774, mériterait

---

[1] *Histoire du XVIIIe siècle*, tome IV, p. 266 de la 4e édition.

d'être rapporté en entier. Je me contente d'en citer deux passages qui font connaître les idées du temps et les sentiments personnels de l'orateur :

« ..... Le Roi vient d'avoir sous les yeux, Monseigneur, le spectacle le plus flatteur pour un grand prince, et le plus attendrissant pour une âme sensible, celui des acclamations libres et sincères de toute une nation. C'est cette nation dont la reconnaissance a précédé, pour ainsi dire, les bienfaits du Roi, et au vœu de laquelle le Roi a répondu, en la consultant sur le choix de ses ministres, en nommant d'après le suffrage public, les dépositaires de sa puissance.......

» S'il s'élevait jamais de ces génies inquiets qui ne peuvent avoir d'existence que par les troubles, s'ils osaient faire entendre ces maximes funestes « que la
» puissance n'est jamais assez respectée quand la ter-
» reur ne marche pas devant elle ; que l'administration
» doit être un mystère caché aux regards du peuple,
» parce que le peuple tend toujours à se soustraire à
» l'obéissance, et que toutes ses représentations, ses
» supplications même, sont des commencements de
» révolte ; que l'autorité est intéressée à soutenir tous
» ceux qui ont le pouvoir en main, lors même qu'ils
» en ont abusé ; enfin, que les plus fidèles sujets d'un
» roi sont ceux qui se dévouent à la haine du peuple »,
alors, Monseigneur, sans recourir à ce qui s'est passé dans les jours heureux de saint Louis, de Charles V, de Louis XII, de Henri IV, il suffira au roi de se rappeler ce qu'il a vu dans les premiers instants de son règne ».[1]

Malesherbes, reçu à l'Académie française, en 1775, fut l'un des hommes que distingua le plus Turgot, ce ministre philosophe, investi du contrôle général des

___

[1] Dufey (de l'Yonne), *Histoire des Parlements,* tome II, p. 347.

finances, après avoir été intendant de Limoges et ministre de la marine. [1] Turgot avait rêvé d'opérer en France une révolution pacifique : par la suppression des droits les plus onéreux sur les objets de consommation habituelle ; par l'abolition des corvées ; par la conversion des vingtièmes et des tailles en un impôt territorial qui assujettirait la noblesse et le clergé aux charges communes ; par la liberté de conscience et le rappel des Protestants au bienfait de l'état civil ; par le rachat des rentes féodales, l'abolition de la torture, déjà mitigée, et l'émission d'un seul Code civil, substitué aux dispositions incohérentes du droit coutumier, mêlé avec le droit romain ; par la suppression des jurandes et maîtrises et par tant d'autres réformes que, plus tard, M. le comte de Provence (Louis XVIII) essaya de faire prévaloir dans son bureau.

Malesherbes était en communion de principes et de vues avec le contrôleur général.

Le 21 juillet 1775, il fut nommé ministre de la maison du Roi, en remplacement du duc de Lavrillière, qui avait les lettres de cachet dans son département. Les mémoires du baron de Bezenval nous apprennent que Malesherbes refusa trois fois la place qui lui était offerte et qu'il ne céda qu'aux instances de Turgot.

L'une de ses préoccupations les plus constantes fut de soumettre à des règles et à des précautions dictées par la prudence et l'équité, les détentions qui, par leur nature, échappent à l'initiative du pouvoir judiciaire :

[1] Turgot (Anne-Robert), né en 1727, mort en 1781, descendait, du moins je le suppose, de M. Turgot, intendant de Metz et des Trois-Évêchés, sous Louis XIV, auteur *de Mémoires historiques sur la Lorraine et les Trois-Évêchés*, terminés le 30 juillet 1699. (V. *l'Histoire des Sciences, des Lettres, des Arts et de la Civilisation dans le pays Messin*, par Bégin, p. 594 et suiv.)

« Le travail de Malesherbes, sur ce sujet, dit encore notre compatriote Charles Lacretelle, est un heureux mélange de l'esprit philosophique et de l'esprit d'administration ». [1]

Le 9 septembre 1775, il se transporte à la Bastille pour l'élargissement de plusieurs prisonniers. Aussi ai-je lu dans une correspondance de l'époque : « Jamais homme d'État ne s'est montré sous des traits plus chers que ceux sous lesquels nous voyons M. de Malesherbes. » [2]

II.

Mais la tâche était difficile. D'inévitables résistances d'un côté ; des impatiences immodérées de l'autre ; et, au milieu de cet orageux conflit, un prince vertueux, animé, autant que ses ministres, de l'amour du bien public, mais d'un caractère faible, irrésolu ; et d'ailleurs, suivant la remarque d'un historien judicieux [3] auquel j'emprunte ces réflexions : « Ce qui guide les chefs des peuples, c'est l'expérience, c'est le souvenir du passé, la comparaison des temps. Louis XVI ne pouvait s'appuyer sur rien de semblable et ne pouvait rien interroger qui fût capable de répondre à toutes les anxiétés, à toutes les terreurs de son esprit. Il était là, sur les dernières limites d'un monde évanoui, aux bords d'un autre monde naissant, qui se trouvait encore à l'état de chaos. . . . . Louis XVI, avec son instinct du vrai, comprenait, devinait beaucoup de choses. Mais quel génie il aurait fallu

[1] V. la note B.
[2] *Correspondance secrète.* Londres, 1787, 2e vol., p. 144 et 145.
[3] Poujoulat. *Hist. de la Révol. Franç.*, t. Ier, p. 405.

pour n'être jamais pris en défaut, pour juger d'avance de la portée de chaque décision, de chaque événement, et dans un ordre d'idées et de faits si extraordinaires!...»

Je parlais des résistances que rencontrèrent les plans de Turgot et de Malesherbes : qui croirait que les premières sont venues du patriarche de Ferney? C'est que Voltaire, comme l'ont fait observer Lacretelle et Royer-Collard, avait plus de philosophie dans l'esprit, que dans le caractère. Partisan d'abord de quelques innovations dues à l'habileté du chancelier Maupeou, il acceptait de celui-ci la tâche de répondre aux belles remontrances de Lamoignon de Malesherbes; on le vit abuser du privilége d'une galanterie poétique jusqu'à donner à la comtesse Dubarry, le nom de la nymphe Egérie, qui dictait à Numa les lois vénérées des Romains. [1]

C'est plus tard que, réparant par de fervents hommages le ridicule qu'il avait jeté sur la secte des *économistes*, il se rangea ouvertement, avec le prince de Beauvau, le duc de la Rochefoucauld, Trudaine et Lamoignon de Malesherbes, sous la bannière de Turgot. [2]

Une autre résistance, sur laquelle je dois d'autant moins m'étendre qu'elle est plus connue et qu'elle a été plus funeste dans ses résultats, est celle des Parlements qui, après s'être montrés les défenseurs des intérêts populaires, réagirent imprudemment contre les vues et les projets de Turgot et de Malesherbes, qui étaient ceux du Roi. [3]

Il avait été question de donner les sceaux à Males-

----

[1] *Le XVIIIe siècle*, IIIe vol., p. 68, et IVe vol., p. 504. — « Voltaire, a dit Royer-Collard, comprend un poëte, un historien, je ne dirai pas un philosophe, car il n'a pas une philosophie, mais un esprit universel. »

[2] *Le XVIIIe siècle*, IVe vol., p. 360.

[3] V. la note C.

herbes, dans le courant d'octobre 1775 ; [1] mais, loin de briguer une telle faveur, il résigna ses fonctions de ministre de la maison du Roi, dès le 16 mai de l'année suivante, pour faire place à M. Amelot, alors que M. de Clugny, intendant de Bordeaux, succédait à Turgot dans le contrôle général des finances.

Quand Malesherbes apporta sa démission, il reçut du Roi cette réponse, où sont empreints déjà le découragement et la mélancolie du monarque, à la vue des écueils semés sur sa route :

« Vous êtes plus heureux que moi : vous pouvez abdiquer ! » [2]

Lui-même, plus tard, ayant perdu ses illusions et rejetant quelques-unes de ses maximes qui n'étaient plus, à ses propres yeux, que des utopies dangereuses, a laissé sur son administration le jugement que voici et que M. Poujoulat nous a transmis littéralement : [3]

« M. Turgot et moi nous étions de fort honnêtes gens, très-instruits, passionnés pour le bien ; qui n'eût pensé qu'on ne pouvait faire mieux que de nous choisir ? Cependant, ne connaissant les hommes que dans les livres, manquant d'habileté pour les affaires, nous avons mal administré..... sans le vouloir, sans le savoir, nous avons contribué à la révolution..... »

III.

Je n'ai point à faire l'histoire de la Révolution française et je passe sans transition au procès du Roi.

Un décret de la convention ayant décidé que Louis

[1] *La Correspondance secrète,* 2ᵉ vol., p. 235.
[2] *Histoire de la Révolution française,* tome Iᵉʳ, p. 66.
[3] Même ouvrage, tome Iᵉʳ, p. 64.

pourrait prendre un conseil pour sa défense, le Roi déclara à la députation qui lui apportait ce décret au Temple, le 12 décembre 1792, qu'il choisissait M. Target, à son défaut M. Tronchet, et les deux si cela était possible. [1]

MM. Target et Tronchet étaient deux avocats célèbres de l'ancien Parlement de Paris et avaient été membres de l'Assemblée constituante. M. Target passait même pour avoir concouru à la rédaction de la Constitution éphémère de 1791 ; sans être vieux, il avait renoncé, depuis long-temps, à la plaidoirie et présidait l'un des six tribunaux siégeant alors dans Paris.

Dès le matin du 13 décembre, la députation conven-tionnelle informa le Roi du refus de M. Target qui se trouvait, écrivait-il, par l'état d'épuisement de sa santé, dans l'impossibilité de remplir une tâche qui aurait ré-clamé toutes ses forces.....

Je dois dire que l'opinion publique s'est montrée sé-vère à l'égard de M. Target et qu'elle n'a point accepté son excuse. Il ne faut pas s'en étonner, dans un pays comme le nôtre où les sentiments généreux sont toujours honorés ; quelle que soit l'effervescence des passions politiques, le courage et le dévouement y sont fort en estime, dans tous les partis, tandis que l'abstention, qui est réputée souvent l'effet d'une prudence craintive et peureuse, ne trouve grâce aux yeux de personne. Une lettre de M. Target fils, publiée en 1814, si mes souvenirs ne me trompent pas, n'a pu réhabiliter entièrement la mémoire de son père. Est-ce à tort ? Est-ce à raison ? Ce n'est point à moi de prononcer ; mais les historiens que j'ai pu consulter s'accordent à dire que le courage de

[1] V. la note D.

M. Target ne fut pas à la hauteur de la mission que lui confiait son ancien maître, et de l'honneur qui en serait résulté pour lui. [1]

Si la conduite de M. Target a pu affliger le cœur de l'auguste accusé qui faisait un appel à son talent et à son courage, des offres spontanées et nombreuses, que la députation communiquait en même temps à Louis, étaient bien faites pour tempérer l'amertume de ce regrettable refus. Je ne puis citer ici tous les noms qui se sont inscrits à côté de celui de Malesherbes ; j'en distingue un cependant que je n'hésite pas à faire connaître : c'est le nom d'une femme ! Je salue avec respect la mémoire de Mme Olympe de Gouges. [2] Le prince à qui elle offrait ses services était menacé plus encore, selon la remarque des historiens, par la fureur populaire toujours aveugle, que par les passions qui fermentaient dans le sein de la Convention nationale ; elle savait donc qu'en se dévouant à l'œuvre de la défense du Roi, elle acceptait pour elle-même les plus grands dangers.

La lettre de Malesherbes au président de la Convention est acquise à l'histoire ; elle est courte ; je la lis tout entière :

« Paris, le 11 décembre 1792.

» Citoyen Président, j'ignore si la Convention donnera à Louis XVI un conseil pour le défendre et si elle lui en laisse le choix ; dans ce cas-là, je désire que Louis XVI sache que, s'il me choisit pour cette fonction, je suis prêt à m'y dévouer. Je ne vous demande pas de faire part à la Convention de mon offre ; car je suis bien éloigné de me croire un personnage assez important pour qu'elle

---

[1] V. la note E.
[2] V. la note F.

s'occupe de moi. Mais j'ai été appelé deux fois au conseil de celui qui fut mon maître, dans le temps que cette fonction était ambitionnée par tout le monde : je lui dois le même service lorsque c'est une fonction que bien des gens trouvent dangereuse. Si je connaissais un moyen possible pour lui faire connaître mes dispositions, je ne prendrais pas la liberté de m'adresser à vous. J'ai pensé que, dans la place que vous occupez, vous aurez plus de moyens que personne pour lui faire passer cet avis.

» Je suis avec respect, etc.

» Lamoignon Malesherbes. »

A la lecture de cette lettre si simple, si naïve, il se manifesta dans la Convention un mouvement extraordinaire de sensibilité. Plusieurs membres de l'assemblée, si nous en croyons Lacretelle,[1] versèrent des larmes d'attendrissement et d'admiration..... La vertu venait de leur apparaître dans son éclat le plus sublime.....

Dans toute la France, on s'abordait en se félicitant. « Les gens de bien, dit Lacretelle, se rappelaient tout ce qui avait illustré la vie de M. de Malesherbes ; ses éloquentes et courageuses remontrances ; son ministère si court et marqué par des améliorations si rapides et si bien graduées ; le lumineux rapport que, depuis, il avait fait au conseil sur le mariage des Protestants ; l'édit de tolérance qui en avait été la suite ; tant de beaux projets si bien présentés, si ardemment suivis et qui devaient faire du règne de l'excellent et malheureux monarque une émanation continuelle de bienfaits ; ses profondes études dans les sciences, son amour pour les lettres ; sa simplicité digne des temps antiques ; sa gaieté, doux prix

____

[1] *Le XVIIIe siècle*, tome X, p. 183.

de ses vertus, la tendresse et la constance de ses amitiés ; enfin, le bonheur qu'il éprouvait de voir les qualités de sa belle âme, réfléchies dans sa sœur, sa fille, son gendre, ses petits-enfants. »

« J'accepte M. de Malesherbes pour mon conseil, dit le Roi ; si M. Tronchet ne peut me prêter ses services, je me concerterai avec M. de Malesherbes pour en choisir un autre. »

M. Tronchet, rappelé de sa campagne de Palaiseau, et M. de Malesherbes s'entendirent pour faire le dépouillement des pièces produites à l'appui de l'accusation et poser les bases de la défense.

Mais il fallait un avocat plaidant.

Or, la partie orale d'une défense ne peut être utilement confiée qu'à un homme jeune ou tout au moins dans la force de l'âge, alors que les facultés du corps et de l'esprit n'ont encore rien perdu de leur énergie. MM. de Malesherbes et Tronchet, nés l'un en 1721, l'autre en 1726, s'estimaient trop vieux pour soutenir, par la parole, une discussion qui devait être longue et que les circonstances rendaient très-difficile. Ils tombèrent d'accord sur le choix à proposer à Louis, de M. Desèze, avocat, ayant fait ses premières armes au Parlement de Bordeaux, où il est né en 1750, et qui avait de la célébrité au barreau de Paris.

Le Roi ne connaissait M. Desèze que de réputation. « Faites, leur dit-il en souriant ; les médecins s'assemblent nombreux, quand le danger est grand ; vous me prouvez que la maladie est désespérée ; mais je vous montrerai, moi, que je suis bon malade. » [1]

Malesherbes a laissé des notes dans lesquelles il raconte ses entretiens, au Temple, avec Louis XVI et les diverses

---

[1] V. la note G.

circonstances se rattachant à la préparation de sa défense. Ne pouvant les lire toutes, j'en cite trois seulement, qui me paraissent peindre le mieux la situation et offrir le plus d'intérêt.

Le Roi déclara, dès le premier jour, qu'il avait fait le sacrifice de sa vie ; il chargea Malesherbes de découvrir la demeure de l'abbé Edgeworh de Firmont, d'entrer en relations avec lui et de s'assurer de son assistance, dans un cas donné qui ne pouvait manquer de se réaliser.

S'entretenant de la guerre des puissances alors coalisées contre la France, qui avaient pour motif, au moins apparent, le salut du Roi, « il n'y aurait de sûreté pour le repos de l'État et de bonheur pour moi, disait Louis, que si je devais à l'amour seul des Français, le retour à mon autorité. »[1]

Enfin, le 19 janvier 1793, Malesherbes, qui s'était imposé la douleur d'apprendre à son maître le résultat de la dernière délibération du 18, exprimait l'espérance que des royalistes dévoués tenteraient de le sauver. « M. de Malesherbes, dit le Roi, cela compromettrait beaucoup de monde et mettrait la guerre civile dans Paris ; j'aime mieux mourir et je vous prie de leur ordonner, de ma part, de ne faire aucun mouvement pour me sauver. »

Il ajouta, il est vrai : « Le Roi ne meurt pas en France ! »[2]

Aussi, ne faut-il pas s'étonner de la réponse que fit Malesherbes à un jeune homme qui, en le soutenant avec Desèze dans l'étroit escalier de leur tribune, à la Convention, lui parlait, à mots couverts, d'un projet de favoriser l'évasion du Roi : « Bon jeune homme, vos efforts et ceux de vos amis seraient inutiles ; renoncez tous à

---

[1] De Beauchesne. *Louis XVII*, tome Ier, p. 580.
[2] *Relation de la captivité au Temple*, p. 64.

votre entreprise : c'est la volonté, c'est l'ordre du saint
Roi qui ne pense qu'à la France et ne veut pas que le
sang coule pour lui. »[1]

Ce jeune homme était Hyde de Neuville, qui fut ministre de France aux États-Unis, et, plus tard, ministre
de la marine, dans le cabinet auquel M. de Martignac
a donné son nom.

Dans une étude rapide dont Malesherbes seul est le
sujet, je me garderai bien d'attrister mon récit par les
détails nombreux qui se groupent autour de l'épisode
du Temple, alors même que le nom de Malesherbes s'y
trouve mêlé. Mon dessein a été de mettre en relief la
fermeté du caractère et l'indépendance de l'esprit, vertu
si rare dans les temps de trouble et d'agitation populaire.
Partout où je la trouve, j'ai plaisir à la constater.

Eh bien, M. Defermon avait présidé la séance du
26 décembre, consacrée à la plaidoirie de M. Desèze.
A peine le Roi avait-il quitté la salle qu'un violent débat
s'engage sur l'ajournement de toute discussion demandé
par la droite de l'assemblée, afin que la défense de
Louis puisse être imprimée comme l'ont été les différentes
pièces du procès.

M. Defermon ayant mis l'ajournement aux voix, est
vivement apostrophé par quelques-uns de ses collègues.
Ceux-ci lui reprochent de montrer de la partialité en
faveur de Louis et prétendent que sa conduite ne peut
être que le résultat scandaleux des entretiens qu'il avait
eus avec de Malesherbes, l'un des défenseurs officieux de
Louis *le dernier*.

Voici quelle fut sa réponse :

« Oui, Malesherbes est venu, hier, chez moi : c'était

____

[1] Poujoulat. *Histoire de la Révolution française,* tome Ier.
p. 403.

pour me donner connaissance d'une lettre qu'il m'a demandé de lire à l'assemblée ; je lui en ai fait la promesse.

» Oui, les défenseurs de Louis sont venus, ce matin, chez moi : c'était pour me demander comment ils pourraient pénétrer dans l'intérieur de la salle ; je leur ai donné un billet signé de moi. Maintenant l'assemblée peut délibérer sur les propositions qui lui sont faites ; elle peut m'ôter la présidence ; je suis moins jaloux des honneurs que de mon honneur. »[1]

La proposition d'ajournement fut rejetée.

Quelques jours plus tard, à la séance du 17 janvier, où Desèze donna lecture de l'appel au peuple déclaré et signé par Louis, Tronchet ajouta quelques observations aux raisonnements de Desèze.

Malesherbes lui-même s'efforça de parler, mais son émotion le trahit ; il ne put articuler que quelques phrases entrecoupées par ses sanglots et finit par une dernière supplication :

« Lorsque j'étais magistrat et depuis encore, a-t-il
» dit, j'ai toujours réfléchi sur cette question : En matière
» criminelle, comment les voix doivent-elles être comp-
» tées, pour qu'une condamnation soit prononcée ? Per-
» mettez-moi de mettre ces réflexions sur le papier, car
» je n'ai pas l'habitude de parler en public ; je demande
» jusqu'à demain pour vous les présenter..... »

L'assemblée, entraînée par l'argumentation de deux de ses membres, repousse l'appel au peuple, passe à l'ordre du jour sur la proposition de modifier le décret qui a déterminé la manière dont les voix seront comptées et ajourne au lendemain les dernières résolutions.[2]

On sait le reste, qui n'est plus de mon sujet !

----

[1] M. Mortimer-Ternaux. *Histoire de la Terreur*, tome V, p. 295.
[2] *Idem*, p. 434.

IV.

Les défenseurs de Louis XVI avaient trouvé, au sein de la Convention nationale, les égards dus à leur caractère personnel et à la sainte mission dont ils étaient chargés. Je ne puis taire cependant la brusque apostrophe qui leur fut adressée par un député, non dans la salle des séances législatives, mais dans le vestibule qui la précédait.

Le Roi, que l'on faisait attendre mais qui ne s'en plaignait pas, causait avec ses conseils. Malesherbes, Tronchet et Desèze se tenaient à quelque distance de lui et employaient encore en lui parlant les mots de *sire* et de *majesté*. Entre tout à coup un conventionnel dont je laisse le nom dans le livre auquel j'emprunte le récit de cet incident ; il s'arrête devant eux et leur dit avec emportement : « Qui vous rend donc si hardis de prononcer » ici des noms que la Convention a proscrits ? »

« C'est le mépris de la vie », répondit Malesherbes. [1]

Quoi qu'il en soit, nul que je sache, dans la redoutable assemblée, ne songeait, en décembre 1792, à faire aux conseils de Louis un crime de leur dévouement au devoir sacré de la défense. Mais ils furent inquiétés quelques mois après, lorsque le Comité de salut public, s'inspirant des fureurs de la rue, eut trouvé dans le Tribunal révolutionnaire un instrument docile de ses vengeances ; car il n'est que trop vrai que la mort du Roi ouvrit une ère d'immolations sanglantes durant laquelle ses défenseurs ne pouvaient être oubliés.

Toutefois, j'ignore si M. Tronchet a été en butte à des persécutions révolutionnaires ; il est mort sénateur en

[1] Poujoulat. *Histoire de la Révolution française*, tome 1er. p. 393. V. la note II.

1806, après avoir été l'un des auteurs les plus actifs et les plus éclairés de notre Code civil ; son éloge a été prononcé par M. Bellart dans une assemblée d'avocats.

M. Desèze fut arrêté à Limeil, près Villeneuve-Saint-Georges, le 8 octobre 1793 ; écroué à la Force, le 20 du même mois, il y resta jusqu'au 9 thermidor. On sait qu'il est mort, en 1828, pair de France et premier président de la Cour de cassation.

Quant à Malesherbes, il s'était retiré dans sa terre, à une lieue de Pithiviers. Là, il vivait entouré de sa famille qui se composait de trois générations.

« L'illustre Lamoignon, dit Lacretelle, dont une dernière fois je vais emprunter le témoignage, était rentré dans cette retraite de Malesherbes d'où il était si noblement sorti pour défendre son Roi. Sa famille était autour de lui. Sa sœur chérie, Mme de Senozan, sa fille, Mme de Rosambo, son gendre, ses petites-filles, jouissaient de rendre des soins à un vieillard qui venait d'ajouter tant de gloire à un nom si vénéré. Chacun, auprès de lui, faisait provision de courage pour ces horribles temps.

» « Nous courons bien des dangers, disait Mme de Rosambo ; mais il me semble que la vertu de mon père
» nous protégera tous. C'est un nom consacré, même
» parmi nos ennemis. »

» Cependant le château de Malesherbes était encore ouvert à l'hospitalité ; ni M. de Malesherbes, ni Mme de Rosambo ne connaissaient les précautions, lorsqu'elles paraissaient blesser l'honneur et l'humanité. Les royalistes venaient demander quelques paroles du Roi qu'ils ne cessaient de pleurer... Plusieurs jeunes gens faisaient comme un pieux pèlerinage à cette terre de Malesherbes et, craignant d'être indiscrets, ils se cachaient derrière un rideau de peupliers, pour voir passer le sublime vieillard, et, en revenant, ils se sentaient fortifiés par sa vertu contre toutes les épreuves.

» Parmi ceux qui visitaient Malesherbes, il se trouva des hommes qui avaient émigré, ou que du moins on pouvait soupçonner d'avoir pris ce parti. Ce genre de prévention existait contre le comte de Châteaubriand qui avait épousé l'aînée des demoiselles de Rosambo. C'était le frère d'un homme dont le génie était appelé à rendre de si éminents services à la religion » [1] et moi j'ajoute dont le nom a brillé d'un si vif éclat dans les lettres et dans la politique.

Malesherbes et tous les membres de sa famille sont arrêtés, dans les premiers mois de l'an II (1794), comme prévenus de correspondance avec des émigrés.

« Dans la prison où cette famille fut conduite, dit enfin Lacretelle, chacun, les yeux baignés de larmes, se leva devant M. de Malesherbes. On voulait le forcer d'occuper une place d'honneur. M. de Malesherbes dit en souriant :

« Je vois, Messieurs, que tout prisonniers que vous êtes,
» vous suivez les lois de Sparte dans le respect pour les
» vieillards. Mais j'aperçois parmi vous quelqu'un que je
» crois être mon aîné, et c'est à lui sans doute que cette
» place appartient. » (Le nom du vieillard, plus âgé que Malesherbes, est resté inconnu.)

La prison était l'ancienne abbaye de Port-Royal dont le nom avait été changé en celui de *Port-Libre*, ce qui pouvait passer, aux yeux des prisonniers, pour une ironie cruelle. Malesherbes s'y trouva réuni avec François Hue, ancien valet de chambre du Roi, qui plus tard ayant échappé au glaive de la Terreur, a laissé un livre intitulé : *Dernières années du règne et de la vie de Louis XVI.*

---

[1] *Le Dix-huitième siècle*, tome II, p. 408.

J'achève mon récit :

En partant pour le tribunal, le malheureux vieillard, qui était un peu distrait et fort replet, mais qui possédait une imperturbable sérénité d'esprit, fit un faux pas; c'était, selon lui, un accident de funeste présage : « Voilà qui est de mauvais augure, dit-il; un romain rentrerait chez lui!... »

Malesherbes n'est pas rentré chez lui!

Personne de sa famille n'a revu le toit domestique; personne : ni M. ni Mme Lepelletier de Rosambo; ni M. ni Mme de Châteaubriand, ni la sœur de M. de Malesherbes, Mme de Senozan (Anne-Nicolle de Lamoignon-Malesherbes, âgée de soixante-seize ans).

A l'audience, Malesherbes s'entendit reprocher de s'être fait nommer défenseur officieux de Louis XVI, par les intrigues et l'or de l'Angleterre; [1] puis d'avoir donné à son maître, en lui prêtant mille écus, au Temple, les moyens d'effectuer ou de tenter une évasion.

On lui fit grâce, à ce qu'il paraît, de l'accusation portée contre lui par Leprevost de Beaumont, dans ses *mémoires*, d'avoir été complice du *pacte de famine,* qui aurait existé, de 1729 à 1789, entre les intendants des provinces, les parlements et les ministres, pour créer la disette en France. [2]

Mais il n'en fut pas moins condamné pour une infinité de crimes dont l'énumération, inutile dans cette séance, serait trop longue à rapporter. [3]

« Mon amie, dit Mme de Rosambo à Mlle de Sombreuil qui partageait sa captivité, vous avez eu la gloire de sauver votre père, et moi, j'aurai celle de mourir avec le mien. »

[1] Lacretelle, *Dix-huitième siècle,* tome II, p. 413.
[2] V. la note I.
[3] V. la note J.

M. Poujoulat a écrit dans son *Histoire de la Révolution française :* [1]

« Le bon et vertueux Malesherbes, l'aimable vieillard, l'homme *simplement simple,* comme l'appelait Mme Geoffrin, périt avec sa sœur, sa fille et son gendre, avec la fille et le gendre de sa fille, trois générations à la fois... »

Ici, je relève une erreur légère de date : Mme de Senozan n'est pas morte avec son frère, le 3 floréal an II; c'est avec Mme Élisabeth, sœur du Roi, qu'elle a péri, quelques jours après, le 21 floréal (10 mai 1794).

Laharpe, dans son *Cours de littérature,* prononce des paroles de blâme contre la tolérance que Malesherbes, directeur de la librairie, a montrée envers les encyclopédistes et les auteurs de quelques mauvais livres. [2] Mais, en parlant, à propos de la tragédie de *Mahomet,* de ceux que l'ambition a poussés au crime et qui sont morts sur l'échafaud :

« Chacun,... ajoute-t-il, devait alors se dire au fond du cœur : « Ma folle ambition m'a bien trompé ! »

» Mais un Malesherbes sur le même échafaud, pouvait encore se dire, en regardant le ciel : « J'ai pris le meil-
» leur parti ; j'ai fait mon devoir. » [2]

Messieurs,

En essayant une étude sur Lamoignon de Malesherbes, j'ai voulu rester fidèle à la vérité historique et cependant éviter de passionner mes récits, afin de ne pas blesser des susceptibilités que je me suis fait une loi de respecter.

Si mon attente n'a pas été trompée, loin de diviser les esprits, j'ai dû les rapprocher dans un sentiment commun d'admiration pour une belle âme, toujours ouverte

[1] V. la note B. II.
[2] Tome IX, p. 130.

à l'amour de l'humanité, à l'abnégation, au sacrifice. La fermeté de caractère et la constance dans le malheur sont des vertus de tous les temps, de tous les pays civilisés et devant lesquelles s'inclinent tous les partis. Quel est le cœur généreux qui reste froid, sans applaudissements, pour ces deux grands faits de la vie de Malesherbes : la sincérité de sa parole courageuse dans les conseils portés au pied du trône, et les consolations offertes à son Roi dans la captivité du Temple?

Ici, je traduis la pensée royale qui a voulu s'inscrire sur le monument élevé à la mémoire de Malesherbes, pensée à laquelle l'assentiment public a répondu, mais que je ne puis exprimer avec l'inimitable concision que la langue d'Horace a fournie à Louis XVIII. [1]

Ce qui ne périt pas non plus et ce qui a des vibrations secrètes au fond des consciences, c'est le droit, le droit public, comme le droit privé, le droit public dont Malesherbes a posé les bases et qui, non moins que le droit civil, a pour fondement la morale éternelle.

Quoi de plus capable de réunir les hommes que ce qui fait leur sûreté commune, ce qui est la garantie des droits et la sauvegarde des intérêts de tous, ce qui remet aux mains de chacun une arme protectrice contre la violence et l'oppression!

Qui dit *le droit*, en effet, dit la justice, dans ses universelles applications. [2] Le droit, c'est la condamnation permanente des abus de la force, de quelque part qu'elle vienne et quelles que soient les choses et les personnes auxquelles elle s'attaque.

Si la justice, considérée dans ses rapports avec la poli-

---

[1] V. la note A.

[2] *Finis universi juris est justitia, cujus se sacerdotes profitentur jureconsulti.* Heinneccius. lib. prim. tit. I. § 18.

tique, sommeille quelquefois, elle a son jour de réveil ;
il n'est pas mauvais, en tous cas, que l'Académie qui a
l'amour des belles-lettres et en général, le culte du bien
et du beau, donne un témoignage public de ses sympa-
thies pour les sujets historiques dans lesquels de grandes
vertus éclatent et où de sages principes se posent et sont
mis en honneur.

Je m'arrête, en citant les paroles d'un homme qui ne
fut pas toujours dans le vrai, puisque son génie l'a jeté
dans de déplorables variations, mais qui ne s'est pas
trompé, quand, amené par ses méditations à découvrir
la puissance des principes et des doctrines, leur influence
irrésistible sur les choses de ce monde, il s'est écrié avec
énergie :[1]

« Il faut le dire, car on ne le saura jamais assez, tout
sort des doctrines : les mœurs, la littérature, les consti-
tutions, les lois, la félicité des États et leurs désastres, et
ces crises effrayantes qui emportent les peuples ou qui
les renouvellent, selon qu'il reste en eux plus ou moins
de vie....... »

Paroles tristes et vraies, d'un utile enseignement, mais
qui me laissent sans appréhensions sur les destinées de
mon pays !

Si, à de certaines époques qui ne sont pas loin de
nous, des caractères abaissés ont pu se rencontrer, si
l'indifférence a jeté son voile de glace sur des consciences
faciles, tièdes ou découragées, on conviendra que de
fortes convictions se sont éveillées soudain et que de
mâles accents se sont fait entendre pour la défense des
principes qui sauvent les États.

Non, la France ne sera point emportée par la tempête;

[1] F. de Lamennais. *Essai sur l'indifférence en matière de religion,* tome Ier, p. 36, édit. de 1844.

il y a chez elle trop de séve et trop de vie ; trop de courage et trop de vertus civiques ; trop de lumières et trop d'inspirations généreuses ; trop de respect pour la morale publique et pour les sentiments religieux.

Malgré les dissidences multiples et tranchées qui sont à la surface, il existe dans les entrailles mêmes de la nation un fond commun de raison et de bon sens, un lien mystérieux et sympathique, qui parfois réunit et attache les cœurs ; on dirait un fil conducteur de la sagesse, tenu par la main de Dieu, qui, en nous guidant aux jours du péril, nous a déjà sauvés, et qui, au besoin, nous sauverait encore.

NOTES.

A

M. le comte de Tocqueville, préfet de la Moselle, de 1817 à
1823, avait épousé Mlle Lepelletier de Rosambo, petite-fille de
Lamoignon de Malesherbes. De ce mariage est né Alexis de Tocqueville qui a fait ses études au collége royal de Metz. On sait
qu'à sa mort, arrivée prématurément, il était membre de l'Académie française et qu'il était entré momentanément, du 2 juin au
19 novembre 1849, comme ministre des affaires étrangères, dans
le cabinet dont faisaient partie MM. Odillon-Barrot, de Falloux et
Dufaure. Il a laissé un ouvrage important sur *l'Amérique* et un
autre (*l'Ancien régime et la Révolution*) qu'il n'a pas eu le temps
d'achever.

A la fin de 1822, les avocats de Metz venaient d'être mis en
jouissance d'une salle destinée à leur bibliothèque, aux séances
du conseil de discipline et aux conférences de l'ordre. Le bâtonnier, alors en exercice, crut pouvoir demander à M. de Tocqueville
un portrait de M. de Malesherbes ; il lui écrivit, le 18 décembre :

« ..... Ce serait, pour les avocats de Metz, un bonheur inap-
préciable de posséder le portrait de M. de Malesherbes et ils tien-
draient à honneur de le recevoir de vous qui l'avez connu, qui
êtes son allié et à qui il a confié les destinées de sa petite-fille...
M. de Malesherbes appartient à l'ordre des avocats par le dernier
acte de sa vie publique : cela vous explique le désir que nous
avons de voir, au milieu de nous, son image vénérée et justifiera
sans doute à vos yeux la prière que je vous fais, ou du moins lui
servira d'excuse. »

La réponse de M. de Tocqueville ne se fit pas attendre ; elle est du 22 décembre :

« ..... Je vais m'occuper de réaliser votre vœu. Il se présente quelques difficultés. Les portraits de M. de Malesherbes ont été faits dans sa jeunesse et les gravures qui existent n'ont été exécutées que de mémoire. On tâchera de réunir toutes les traditions pour obtenir un portrait ressemblant..... »

Robert Lefebvre se chargea de résoudre ces difficultés. Le portrait qui se voit au palais de justice, dans la bibliothèque des avocats, est de grandeur naturelle et représente M. de Malesherbes en simarre, la main gauche appuyée sur un livre *in-quarto*, ayant pour titre *Le droit public*.

En tête du portrait, sont écrits dans un cartouche, ces vers de la composition du roi Louis XVIII, faits pour le monument élevé à la mémoire de M. de Malesherbes, dans la grande salle du palais de justice à Paris et qui résument si bien les deux grands actes de la vie de ce ministre, défenseur de son Roi :

> *Strenuè semper fidelis*
> *Regi suo ;*
> *In solio veritatem ,*
> *Præsidium in carcere*
> *Attulit.*

Le portrait de M. de Malesherbes fut lithographié par M. Julien, alors premier avocat général près la cour royale de Metz. Les avocats conservent, dans leurs archives, un accusé de réception de l'exemplaire qui fut adressé, en 1824, à M. Voysin de Gartempe, ancien premier président de la cour :

« ..... La gloire et les vertus de M. de Malesherbes, écrivait-il au bâtonnier, le 21 octobre, appartiennent à notre pays, et rien de ce qui est honorable pour la France ne restera indifférent à mon cœur. Recevoir, d'ailleurs, ce monument de la part du barreau de Metz dont je m'enorgueillirai toujours d'être, pour ainsi dire, le père, le créateur, et de la main de son estimable bâtonnier.... en vérité, c'est une double fortune qui m'a comblé d'une grande joie..... »

Après l'organisation de la cour impériale de Metz, au mois de mars 1811, M. Voysin de Gartempe avait concouru à la première formation du tableau des avocats, en exécution de l'article 4 du décret du 14 décembre 1810. Mais, ce qui a plus d'importance, il s'était appliqué à faire renaître, au barreau, les traditions parlementaires que la Révolution avait effacées ou singulièrement altérées.

B

Pour faire connaître M. de Malesherbes, autant que possible, sans allonger outre mesure le texte du discours dont il est le sujet, nous réunissons, sous forme de simples notes, les divers témoignages émanés des écrivains qui se sont occupés de lui.

I. *Correspondance secrète, politique et littéraire.* — Londres, 1787, tome Ier, p. 216 : « La séance de l'Académie française, à la réception de M. de Malesherbes (février 1775), a été des plus brillantes. Jamais il n'y avait eu autant de femmes. L'abbé Delille a lu un chant d'un poëme qui doit en avoir deux et dont le sujet est *la manière de sentir les beautés de la campagne.* Il a été fort applaudi. M. d'Alembert a lu l'éloge de l'abbé de Saint-Pierre, où il a répandu beaucoup d'anecdotes et de traits plaisants qui ont fort amusé. »

Tome II, du même ouvrage, p. 62. — « M. de Malesherbes est entré dès le moment de sa nomination, au Conseil ; c'est, depuis très-longtemps, le premier exemple d'un secrétaire d'État à qui on ait accordé cette prérogative ; on les laissait vieillir autrefois dans les affaires de leur département, avant de les nommer ministres. »

P. 69. — « La joie que l'élévation de M. de Malesherbes au ministère a causée est universelle ; cependant elle n'est qu'apparente chez les courtisans, les financiers et les gens à affaires qui n'y voient qu'un surcroît de crédit pour M. Turgot. »

II. *Cours de littérature,* tome XIV, p. 96. — Laharpe, en déplorant les effets de la liberté accordée au commerce de la librairie, à cause du danger qui pouvait en résulter pour les mœurs, sous le ministère de **Turgot**, disait à propos de d'Alembert et de l'Encyclopédie :

« Est-il permis, pour favoriser le commerce, d'encourager la vente des poisons? De plus, qu'était cet intérêt de commerce? Celui de rendre aux presses françaises ce qu'on ôtait aux presses étrangères ou d'en regagner une partie par l'introduction et le débit des livres imprimés ailleurs. Comment un si mince calcul a-t-il pu séduire les ministres d'un royaume tel que la France, et nommément un homme d'ailleurs si respectable par son courage et son infortune, Malesherbes? Ce fut pourtant le prétexte politique de cette tolérance si peu politique, et qui ne prouvait que ce qui a été dit ci-dessus, de ce funeste règne de l'argent..... »

III. Lacretelle, *Histoire du XVIII° siècle*, tome IV, p. **124**. — « Dans un excellent mémoire sur la librairie, M. de Malesherbes, qui dirigea longtemps cette importante et difficile partie de l'administration, rend compte de l'effet que produisit le livre de *l'Esprit* (par Helvétius) et parle surtout du censeur qui l'approuva et qui perdit sa place. Voici quelques traits du récit de M. de Malesherbes :

» « Le livre de *l'Esprit* a fait au moins autant de bruit que l'En-
» cyclopédie : le cri fut général. Le censeur fut M. Tercier. Il
» n'était point ami de l'auteur. Homme de lettres, il était assez
» instruit pour découvrir le danger d'un livre où tout le monde
» disait que les propositions dangereuses n'étaient même pas
» déguisées. Premier commis des affaires étrangères, la politique
» avait dû l'habituer à la prudence. Il fut averti plusieurs fois et
» même de la part des amis de l'auteur, de se tenir en garde,
» parce que sa complaisance pourrait leur être funeste à tous
» deux. Enfin il était protégé par la feue reine (femme de Louis XV)
» qui gémissait continuellement sur les mauvais livres dont le
» public était inondé, et attaché à la personne du Dauphin. Cepen-
» dant il donna une approbation qui le perdit. »

» M. de Malesherbes ajoute :

» « S'il n'avait pas été censeur du livre de *l'Esprit*, je suis
» persuadé qu'il aurait dit comme tout le public : Comment le
» censeur a-t-il pu approuver un pareil ouvrage? »

Page 226 du même volume. — Lacretelle, après avoir dépeint Maupeou, qui venait d'être élevé à la dignité de chancelier de France, dit encore :

« Lamoignon de Blancménil l'avait remplie pendant un grand nombre d'années. Ce magistrat avait plutôt suivi la conduite incertaine de d'Aguesseau, que rappelé ses talents. Son meilleur titre de recommandation était dans ses vertus, et plus encore dans celles de son fils, Lamoignon de Malesherbes. L'âge avait augmenté la débilité de son caractère..... »

P. 377 et 378. — « ..... Louis XVI choisit Lamoignon de Malesherbes pour successeur d'un ministre décrié (Philippeaux, duc de la Vrillière). A la vérité, le département qui était offert à ce grand magistrat, semblait peu digne de ses talents et de son nom. Philippeaux l'avait rendu redoutable par les lettres de cachet; mais nul acte d'oppression n'était plus jugé possible quand de Malesherbes demeurait chargé de tout ce que l'exercice de l'autorité souveraine a de plus rigoureux.

» Turgot ne pouvait obtenir un second avec lequel il fût mieux d'intelligence, par un heureux rapport de vertus et de lumières. Il semblait qu'ils eussent cédé aux vœux du public, autant qu'à leur cœur, en s'unissant d'une amitié intime. Leur esprit, qui s'exerçait sur une variété infinie de connaissances, arrivait presque toujours à des résultats communs. Cependant il y avait entre eux une différence qui tenait plus à leur position qu'à leurs principes. Turgot, quoiqu'il n'eût concouru en rien à la destruction des parlements, était depuis longtemps l'ennemi de ces corps, et le devenait chaque jour davantage. Malesherbes, par sa conduite à la cour des aides, et par un exil qu'il avait soutenu avec la sérénité d'un sage, semblait lié aux parlements dont il avait défendu si noblement la cause. Mais l'esprit de corps n'est une passion dominante que dans les âmes étroites. L'âme de Malesherbes était ouverte surtout à l'amitié, au zèle pour le bien public, à l'attachement pour son Roi. Il acceptait le ministère pour se subordonner à un homme dont il déclarait les vues plus éminentes que les siennes. Turgot, malgré sa franchise austère, n'était point étonné de se trouver à la cour; Malesherbes n'y entrait qu'avec embarras. L'un, d'un extérieur imposant et serein, avait le coup d'œil qui démêle une malveillance déguisée, pouvait accabler d'un sarcasme celui qui l'attaquait avec une froide ironie, semblait dire à ses ennemis : *Je veille*, et s'annonçait enfin comme un homme que la grandeur de ses projets rendait insensible à des peines et des ennuis bien prévus ; l'autre, plus familier, plus gai, et d'un commerce peut-être trop facile, avait un défaut qu'il est dangereux de porter à la cour, celui de la distraction. »

IV. Au moment de l'assemblée des notables, en 1787, M. de Brienne, archevêque de Toulouse, fut nommé contrôleur général, à la place de M. Necker, en même temps que Lamoignon, président à mortier au parlement de Paris, remplaça le chancelier de Miromesnil. L'auteur de l'*Histoire des parlements*, Dufey, dit, à ce sujet, en parlant de l'archevêque de Toulouse :

« Ce prélat se présentait précédé d'une brillante réputation qu'il ne justifia point. Le judicieux et loyal Malesherbes ne partagea point l'engouement général ; il disait du nouveau ministre : « Rendez-moi raison de l'archevêque de Toulouse. Il n'y a pas un » mariage, une tracasserie, une affaire, soit générale, soit parti- » culière, où il ne se trouve, il faut que cet homme-là ait plusieurs » corps pour y suffire. » (Tome Ier, p. 107.)

V. Poujoulat, *Histoire de la Révolution française*, tome Ier, p. 32. — « Les épreuves de l'*Émile*, imprimé en Hollande, arrivaient à Rousseau, sous le seing de M. de Malesherbes, alors directeur de la librairie. »

P. 62. — « ..... Turgot, successeur de Terray, au contrôle général des finances (le 24 août 1774), Malesherbes, successeur du duc de la Vrillière au département de la maison du Roi, représentaient toute la différence entre le gouvernement de Louis XVI et le gouvernement précédent..... »

VI. De Beauchesne, *Louis XVII. Captivité de la famille royale au Temple*, tome Ier, p. 365. — « ..... Il avait de rares qualités, de grandes vertus, ce philosophe vrai qu'animait au suprême degré le sentiment de la justice et de l'humanité. Tenant par honneur aux traditions du passé et par l'idée à toutes les ré-

formes utiles, étranger aux intrigues de la cour, comme aux violences du parlement, Malesherbes, dans la sphère de paix et
d'étude où il aimait à se renfermer, eût donné tout au monde
pour être populaire, tout, excepté sa propre estime..... »

VII. Extrait d'un *Rapport au ministre de l'intérieur, sur les
prisons*, par M. Dupuy. — « Malgré les injonctions royales,
malgré les visites fréquentes des magistrats, les abus persistaient
et la voix éloquente de Malesherbes les signalait au souverain sous
la forme de respectueuses protestations. (*Recueil de Lamoignon
sur la cour des aides*, 1779, in-4°. Bibliothèque de la cour de
cassation.) »

Le livre auquel renvoie l'extrait du rapport de M. Dupuy, suivant le *Moniteur des tribunaux* de l'année 1866, p. 443, est
probablement un exemplaire du même ouvrage qui existe à la
bibliothèque impériale sous ce titre plus développé : *Mémoires
pour servir à l'histoire du droit public de la France en matière
d'impôts ou Recueil de ce qui s'est passé de plus intéressant, à la
cour des aides, depuis 1756 jusqu'au mois de juin 1775. A
Bruxelles, 1779.*

Le recueil dont il s'agit renferme la collection des remontrances, rédigées par M. de Malesherbes et qui s'inspiraient de
l'amour de l'humanité et des idées philosophiques du temps. Ces
principes, dit-on, ont été désavoués par M. de Rosambo, son
petit-fils. M. le sénateur Bonjean portant la parole sur la loi
relative à la propriété des instruments de musique, mécaniques,
s'exprimait ainsi, en effet, dans la séance du 8 mai 1866 :

« M. de Rosambo a désavoué les œuvres philosophiques de
son aïeul de Malesherbes. »

Cela ne signifie pas que les remontrances attribuées à Malesherbes, par le témoignage de l'histoire et par la tradition,
ne soient pas réellement de lui. Mais dans quelles circonstances
les idées philosophiques de Malesherbes ont-elles été désavouées
par M. de Rosambo et quel a été le sens précis de ce désaveu ?
C'est ce qu'il ne nous a pas été possible d'éclaircir.

Il ne faudrait pas s'étonner, toutefois, que M. de Rosambo eût
désavoué certaines maximes de son aïeul, puisque Malesherbes

lui-même, comme on le verra bientôt, semble avoir condamné **sa** propre administration.

VIII. M. R. de Larcy, dans le *Correspondant*, tome LXXe de la collection, — mars 1867, — p. 607. [1]

« Le nom de M. de Malesherbes se place naturellement à côté de ceux de l'Hôpital et de Fénelon ; il a été comme eux passionnément dévoué, non-seulement par l'intelligence, mais par le cœur, aux deux grandes traditions de la France, la royauté et la liberté. Il n'a jamais sacrifié l'une à l'autre, comme tant d'hommes faibles, incomplets ou coupables ; il les a servies toutes deux avec une égale fidélité, une égale énergie. Sa vie entière a été consacrée à cette sainte cause et sa mort a couronné sa vie ; il n'y a pas une plus belle destinée. »

M. de Larcy mentionne cinq mémoires remis, en 1768, par Malesherbes, au Dauphin, fils de Louis XV, sur l'abolition de la censure ; des remontrances sur l'arrestation illégale d'un sieur Monnerat, accusé de contrebande ; d'autres remontrances, publiées en face du coup d'État *Maupeou*, en 1771 ; celles relatives à la législation des impôts, lors de l'avénement de Louis XVI, en 1775 ; une lettre du 22 novembre 1790, à M. Boissy-d'Anglas et dans laquelle cette question est posée : Faut-il un roi, en France?

M. de Larcy renvoie à la *Vie de M. Malesherbes*, par M. Boissy-d'Anglas, et à l'*Éloge historique de Malesherbes*, par M. Dubois, qui fut précepteur des enfants de Rosambo, et devint préfet de police sous le premier empire. Nous n'avons pu consulter aucun de ces deux ouvrages.

C

L'opposition aux projets de Turgot et de Malesherbes se manifestait sous toutes les formes, particulièrement dans les chansons, ce qui, d'ailleurs, s'accorde avec le caractère français.

L'une de ces chansons a fait quelque bruit dans le temps :

---

[1] *Louis XVI et les successeurs de Turgot jusqu'en 1789.*

elle est de l'année 1775 ou 1776 et l'ouvrage de M. de Lille, jeune officier ; on s'en est souvenu après l'établissement du calendrier républicain, qui avait substitué aux noms des saints et des fêtes religieuses, ceux des productions de la terre et des instruments d'agriculture. La chanson de M. de Lille fut une étonnante prédiction d'événements qui ne se sont accomplis que bien longtemps après ; il faut la lire dans un livre publié à Londres, en 1787, et fort répandu avant la Révolution, [1] pour croire à la réalité de sa date. On jugera de la perspicacité de l'auteur qui a su frapper juste en poussant jusqu'à leurs limites extrêmes, les infécondes et tristes conséquences de l'œuvre des novateurs, dans la seconde moitié du dix-huitième siècle ; ceux-ci étaient loin de les prévoir. Cependant Malesherbes n'a pas tardé à déposer l'amertume de ses regrets dans ces paroles qui n'ont pu être écrites qu'avant le mois de mai 1794 et que nous avons déjà citées :

« ..... Sans le vouloir, sans le savoir (M. Turgot et moi), nous avons contribué à la Révolution. »

Puisse la chanson prophétique de M. de Lille faire un instant, par sa forme originale et piquante, diversion avec ce que le sujet, au fond, a de grave et de sérieux !

Vivent tous nos bons esprits
Encyclopédistes !
Du bonheur français épris,
Grands économistes !
Par leurs soins, au temps d'Adam,
Nous reviendrons, c'est leur plan :
Momus les assiste !
Oh gué
Momus les assiste !

On verra tous les états
Entr'eux se confondre ;
Les pauvres sur leurs grabats
Ne plus se morfondre :

[1] *La Correspondance secrète,* tome III, p. 43 et suiv.

Des biens on fera des lots
Qui rendront les gens égaux.
        Le bel œuf à pondre !
            Oh gué,
        Le bel œuf à pondre !

Puis devenus vertueux
        Par philosophie,
Les Français auront des dieux
        A leur fantaisie :
Nous reverrons un oignon
A Jésus damer le pion,
            Ah ! quelle harmonie !
                Oh gué, etc.

Ce n'est pas de nos bouquins
        Que vient leur science ;
En eux ces fiers paladins
        Ont la sapience :
Les Colbert et les Sulli
Nous paraissent grands ; mais fi !
            Ce n'est qu'ignorance !
                Oh gué, etc.

Du même pas marcheront
        Noblesse et roture,
Les Français retourneront
        Au droit de nature :
Adieu parlements et lois
Les princes, les ducs, les Rois
            La bonne aventure !
                Oh gué, etc.

. . . .

. . . .

Puisse des novations
        La fière sequelle
Nous rendre des nations
        Le parfait modèle !
Et cet honneur nous devrons
A Turgot et compagnons.

> Faveur immortelle !
>   Oh gué, etc.
>
> A qui devons-nous le plus ?
>   C'est à notre maître,
>   Qui se croyant un abus
>   Ne voudra plus l'être.
>   Ah ! qu'il faut aimer le bien
>   Pour de Roi n'être plus rien !
>   J'enverrais tout paître !
>   Oh gué,
>   J'enverrais tout paître.

D

La députation chargée d'annoncer, au nom de la Convention nationale, à Louis XVI, le 12 décembre 1792, qu'il pouvait prendre un conseil pour sa défense, était composée de Thuriot, Cambacérès, Dubois-Crancé et Dupont de Bigore. (*Louis XVII,* par M. de Beauchesne, tome Ier, p. 363.)

E

Jugements portés sur le refus de M. Target de concourir à la défense du Roi :

1. Lacretelle, *Dix-huitième siècle*, t. X, p. 181. — « M. Tronchet entendit la voix d'un monarque infortuné. Il ne manqua ni aux devoirs d'une noble profession, ni à l'humanité, ni à l'honneur. Target refusa.

» Tout habituée qu'était la Convention aux atrocités, elle pouvait encore être choquée d'une bassesse. La lettre où Target exprimait son refus fut entendue avec défaveur. On se souvenait qu'il était le principal auteur de la Constitution de 1791, que la Convention affectait de regarder comme servilement monarchique. Des murmures éclatèrent à cette phrase : « Un homme libre et » républicain ne doit pas accepter des fonctions dont il se sent

» incapable. » La lettre était signée : « Le républicain Target. » Un député, M. Cambacérès, déclara que l'exemple de ce refus était dangereux pour la morale publique. Target essaya, mais en vain, de réparer le scandale de sa pusillanimité, en publiant un petit écrit pour la défense du Roi. »

II. Poujoulat, tome I, p. 384. — « Un décret permit au Roi de se choisir un conseil. Le choix de Louis XVI s'arrêta sur deux anciens membres de l'assemblée constituante, tous les deux avocats de grande renommée : Target et Tronchet. Quel honneur dans une pareille cause ! Target, par son refus, montra qu'il n'était pas digne d'une telle gloire. Tronchet accepta l'illustre mission. Un jeune avocat de Bordeaux, Desèze, remplaça Target et conquit un nom immortel. Le vieux Malesherbes, du fond de sa retraite, s'était offert à la Convention pour se dévouer à son maître ; la Convention n'avait pas repoussé cet ami des derniers jours, tous les partis méprisent les lâches ; le sentiment public se souleva contre le refus de Target, et, des divers côtés, partirent des offres généreuses..... »

III. De Beauchesne, tome Ier, p. 363. — « ..... Le Roi déclara qu'il choisissait M. Target, avocat, un des principaux rédacteurs de la Constitution ; à son défaut, M. Tronchet, et les deux, s'il lui était permis de les prendre.

» Un décret ordonna sur-le-champ que le ministre de la justice enverrait un message à Target et à Tronchet.

» Le jeudi 13 décembre (1792), au matin, la députation apprit au Roi le refus de M. Target qui se trouvait, par l'état d'épuisement de sa santé, dans l'impossibilité d'accepter une tâche qui aurait réclamé toutes ses forces.

» ..... Elle lui donna ensuite lecture de plusieurs lettres adressées à la Convention et qui toutes sollicitaient l'honneur de défendre un prince malheureux..... »

IV. M. Mortimer-Ternaux, *Histoire de la Terreur*, tome V, page 247, se borne à dire que M. Target avait, depuis longtemps, renoncé à la plaidoirie et qu'il présidait l'un des tribunaux de Paris.

M. Target est mort conseiller à la cour de cassation.

F.

Les personnes qui s'inscrivirent, à la Convention, pour défendre Louis XVI, sont, avec Malesherbes :

Tronçon du Coudrai qui, depuis, a péri dans les déserts de Sinamari ;

Gustave Graindorge, ci-devant Ménil Durant, adjudant général de l'armée ;

Sourdat, citoyen de Troyes ;

Huet de Guerville, ci-devant avocat au Parlement en Normandie ;

Guillaume, avocat au Conseil et membre de l'Assemblée constituante ;

Cazalès ;

Necker ;

Lally-Tollendal ;

Malouet ;

Mounier ;

Gouin ;

Schiller ;

Madame Olympe de Gouges.

> (V. Lacretelle, *XVIIIe siècle*, tome X, pages 181 à 184 ;
> De Beauchesne. *Louis XVII*, tome Ier, page 264.)

G.

Quelques extraits de l'ouvrage de M. de Beauchesne concernant Malesherbes et ses entretiens avec le Roi, dans la tour du Temple, nous ont paru dignes d'être rapportés ; ils méritent d'autant plus de confiance qu'ils ont été relevés sur des notes laissées par Malesherbes, écrites de sa main et qu'on a trouvées dans ses papiers, après sa mort.

1. On lit, à la page 367 du premier volume, que le 14 décembre, le Roi disait à Malesherbes : « Vous venez m'aider de vos

» conseils ; vous ne craignez pas d'exposer votre vie pour sauver
» la mienne ; mais tout sera inutile......... »

Le prenant à l'écart dans la tourelle, le Roi lui dit encore :

« Ah, mon ami, je vous souhaiterais de penser comme moi !
» Je vous le répète, la religion instruit et console tout autrement
» que la philosophie. »

On peut inférer de ce langage du Roi, que l'orthodoxie religieuse de Malesherbes, au mois de décembre 1792, laissait encore
beaucoup à désirer. Mais nous sommes à dix-huit mois de la
catastrophe du 10 mai 1794. Qui pourrait se montrer sévère, en
présence d'une telle expiation !

A côté de ce qui précède sur les sentiments religieux de
Malesherbes, nous croyons devoir placer un dialogue entre le
poëte Dorat-Cubière et lui, rapporté par M. Mortimer-Ternaux
dans son *Histoire de la Terreur*, tome V, p. 253 et 254, d'après
le *Moniteur* du 20 décembre 1792, n° 359.

Dorat-Cubière était alors membre de la commune de Paris et
manifestait la crainte que le Roi, prisonnier au Temple, n'attentât
à sa propre vie :

« Si le Roi, répondit Malesherbes, était de la religion des
» philosophes, s'il était un Caton..... il pourrait se détruire.
» Mais le Roi est pieux, il est catholique, il sait que la religion
» lui défend d'attenter à sa vie ; il ne se tuera pas. »

II. M. de Beauchesne continue, p. 374. — « Tronchet et
Lamoignon de Malesherbes furent effrayés moins de la gravité
que du nombre des pièces d'accusation qu'il fallait réfuter une
à une, et sans en excepter une seule ; ils furent plus effrayés
encore, quand ils apprirent que la Convention avait décrété
qu'elle entendrait pour la dernière fois, l'accusé, le 26 du mois
où l'on se trouvait (décembre). N'ayant pu commencer leur tâche
que le 15, les deux défenseurs craignaient, et que le temps ne
leur manquât et que leur force ne les trahît. Le Roi cependant
s'opposait à ce qu'ils sollicitassent aucune remise. L'âge et la
sensibilité de Malesherbes lui laissaient peu la possibilité de
porter lui-même la parole ; le vénérable vieillard songea le premier à réclamer le concours d'un jeune avocat qui était dans tout

l'éclat d'une brillante renommée ; il proposa M. Desèze à son collègue, et tous deux le proposèrent au Roi..... »

— La réponse de Louis est dans le corps du discours.

III. A la p. 375. — « ..... Le 17 décembre, vers cinq heures du soir, les trois défenseurs vinrent à la tour et depuis le 17 jusqu'au 26, Louis XVI les vit régulièrement tous les trois. Malesherbes lui apportait, le matin, les papiers publics ; il restait près du Roi une ou deux heures et, de concert avec lui, il préparait le travail de chaque soirée. A cinq heures du soir, il revenait avec Tronchet et Desèze. Les trois défenseurs ne quittaient leur royal client qu'à neuf heures. Ils consacraient au travail le reste de la journée et la plus grande partie de la nuit. A peine trouvaient-ils un moment pour prendre un peu de nourriture.

» Le prince malheureux se sentait soulagé par l'affection de Malesherbes, encouragé par le zèle et le dévouement de ses nobles avocats.

» Ayant pris à part M. de Malesherbes, il lui rappela que le premier jour de leur entrevue dans la tour, il l'avait chargé d'une pieuse négociation au succès de laquelle il attachait un grand prix..... »

Ce jour-là, Malesherbes rend compte de ses démarches pour découvrir la demeure de l'abbé Edgeworth de Firmont. « Remerciez-le de ma part, reprit le Roi, et lui recommandez bien de ne pas quitter Paris dans ce moment. »

IV. P. 380. — C'est dans l'entretien du Roi avec Malesherbes, le 19 décembre, qu'il fut question de la guerre des puissances alors coalisées contre la France. Les observations du Roi que nous avons transcrites littéralement dans le discours, prouvent que le prince désavouait l'invasion et que sa déclaration de guerre à l'Autriche était sérieuse.

V. P. 382. — « Malesherbes vint à la tour, vers les onze heures du soir (le 20 décembre), apportant comme de coutume, quelques journaux. Il avait souvent l'occasion de remarquer avec quel sang-froid Louis XVI lisait les attaques dirigées contre lui à la tribune ; néanmoins, parmi les qualifications qu'on lui prodiguait, il en est une qui offensait toujours le malheureux prince ; c'était celle de tyran.

« Moi, tyran ! disait-il ; un tyran rapporte tout à lui ; n'ai-je pas
» constamment tout rapporté à mon peuple ? Qui d'eux ou de moi
» hait plus la tyrannie ? Ils m'appellent tyran, et ils savent comme
» vous ce que je suis. »

« Malesherbes lui apportait aussi une romance qu'on chantait alors dans tout Paris ; elle était intitulée : *Louis XVI aux Français*, et avait pour thème ces paroles du prophète : « O mon peuple, que t'ai-je fait ? » Cette lecture procura au Roi un instant de consolation. »

VI. P. 387. — « Le 22 décembre, Louis disait à Malesherbes qui s'était fatigué par le dépouillement de pièces nombreuses :

» « Mon ami, pourquoi vous exténuer de la sorte ! Ces fatigues
» fussent-elles utiles à ma cause, je vous les interdirais ; mais
» vous ne m'obéiriez pas. Du moins abstenez-vous-en, quand je
» vous assure qu'elles seront infructueuses. Le sacrifice de ma
» vie est fait ; conservez la vôtre pour une famille qui vous
» chérit. »

VII. P. 389. — Le lendemain, 23 décembre, Louis disait encore à Malesherbes : « Dans la gêne où je suis, je ne puis
» faire à qui que ce soit la moindre largesse. Vos collègues se
» sont dévoués pour ma défense ; ils me consacrent leur travail ;
» et dans la position où je suis, je n'ai aucun moyen d'acquitter
» ma dette envers eux. J'ai songé à leur faire un legs ; mais on
» ne le payera pas et on les persécutera. »

« Ce legs est payé, Sire, répondit Malesherbes ; le Roi, en les
» choisissant pour ses défenseurs, a immortalisé leurs noms. »

VIII. — M. de Beauchesne rapporte, p. 390, que, le 24 décembre, Malesherbes, en arrivant au Temple, déposa sur la table 3000 livres, en trois rouleaux d'or. Le Roi ne refusa pas cet argent ; mais il écrivit ces mots : « A rendre à M. de Malesherbes. »

Mme la duchesse d'Angoulême, dans la *Relation de sa captivité au Temple*, p. 65, dit que, le 21 janvier, le Roi, en descendant l'escalier, remit à un municipal son testament et l'argent de M. de

Malesherbes, avec prière de le lui faire tenir. « Si le testament s'est retrouvé, il n'en a pas été de même de l'argent. »

IX. Nous continuons le récit de ce qui s'est passé au Temple, suivant les notes de M. de Malesherbes et l'ouvrage de M. de Beauchesne, tome Ier, p. 392 :

« C'est le 25 décembre, veille du jour où le Roi devait paraître à la barre de la Convention, qu'il écrivit son testament.

» Dans l'après-midi, le Roi montra ce testament à Malesherbes et lui permit d'en prendre une copie; il fit ensuite de sa main quelques corrections à cette copie que Malesherbes emporta avec lui et qu'il parvint à faire passer à sa destination, hors de France. L'original resta entre les mains de Louis XVI, jusqu'au 21 janvier.

» Tronchet et Desèze arrivèrent; ce dernier avait fait à son plaidoyer quelques légers changements qu'il soumit au Roi. Le bruit s'était répandu qu'on avait le projet de retenir le lendemain Louis XVI aux Feuillants, et de l'y garder un jour ou deux pour le juger sans désemparer; Cléry avait reçu l'ordre de se préparer à le suivre. Ce plan avait été abandonné, les défenseurs du Roi en étaient instruits, mais ignorant de quelle manière ils devaient se rendre le lendemain à la Convention, ils s'étaient adressés, à ce sujet, à la Commune pour qu'elle leur fît connaître ses intentions : « Qu'ils aillent à pied ou à cheval, peu nous importe, » s'était écrié une voix du Conseil général, et l'on avait passé à l'ordre du jour. Ce refus n'était notifié ni au Roi ni à ses avocats, et ils se séparèrent le soir sans savoir comment ils se retrouveraient le lendemain. »

Cet incident explique la démarche des trois défenseurs, chez M. Defermon, président de l'Assemblée.

Le testament fait double à la tour du Temple, le 25 décembre 1792, se termine par les deux paragraphes suivants :

« Je prie MM. de Malesherbes, Tronchet et Desèze, de recevoir
» ici tous mes remercîments et l'expression de ma sensibilité pour
» tous les soins et les peines qu'ils se sont donnés pour moi.

» Je finis en déclarant devant Dieu et prêt à paraître devant
» lui, que je ne me reproche aucun des crimes qui sont avancés
» contre moi. »

X. Le même jour 25 décembre, le Roi renouvelant encore dans ses épanchements avec Malesherbes, le regret de ne pouvoir, lui pauvre prisonnier, offrir aucune récompense à MM. Tronchet et Desèze. « Embrassez-les, lui dit le noble vieillard ; et le matin du 26 décembre, Louis XVI paya de ses embrassements et des larmes de son cœur le dévouement de ses défenseurs. (Poujoulat, *Histoire de la Révolution française*, tome Ier, p. 392.)

XI. P. 413 du 1er volume de M. de Beauchesne. — « Un jour, en parlant de la Reine, Louis dit à ses défenseurs :

» « Les factieux ne mettent cet acharnement à décrier et à noircir
» la Reine que pour préparer le peuple à la voir périr. Oui, mes
» amis, sa mort est résolue. En lui laissant la vie, on craindrait
» qu'elle ne me vengeât. Infortunée princesse ! Mon mariage lui
» promit un trône ; aujourd'hui quelle perspective lui offre-t-il ? »

» En prononçant ces mots, les yeux du Roi se remplirent de larmes, et sa main, en tombant, vint s'appuyer sur celle de M. de Malesherbes. »

H,

M. de Beauchesne, tome Ier, p. 396, met dans la bouche de M. de Malesherbes, une réponse plus verte que prudente ; le vieillard aurait dit au conventionnel qui l'interpellait :

« Le mépris pour vous et mépris de la mort. »

Cette réponse, qui s'accorde peu avec la situation et avec le caractère placide de M. de Malesherbes, manque au moins de vraisemblance. Aussi, ai-je donné la préférence à la version de M. Poujoulat.

I.

Le cinquième volume de l'*Histoire de la Terreur*, par M. Mortimer-Ternaux, fournit d'amples renseignements sur Leprevost de Beaumont qui, durant plusieurs années, à partir de 1789, se posait comme révélateur d'un pacte ayant pour objet d'affamer la

France ; toujours éconduit, même par la Convention, de laquelle il attendait une récompense nationale, il ne laissa pas d'accuser avec une infatigable persistance, plusieurs anciens ministres, nommément MM. de Malesherbes et Laverdy.

Relativement à ce dernier, voici quelques détails donnés par M. Mortimer-Ternaux, p. 526 et suivantes :

« Laverdy, ancien conseiller au Parlement de Paris et membre de l'Académie des inscriptions et belles-lettres, avait été, un instant, en 1768, contrôleur général des finances. Il n'avait pas songé à fuir la tourmente révolutionnaire et vivait à Paris dans la plus parfaite retraite, lorsque, le 19 octobre 1793, on vint l'arracher de son domicile. Ce vieillard, alors âgé de soixante et dix ans, s'occupait de traduire Horace (c'est le procès-verbal même de son arrestation qui le constate). Il avait été l'objet d'une dénonciation transmise par le district de Montfort-Lamaury au Conseil général de la commune de Paris. (On l'accusait d'avoir fait enfouir du blé dans les fossés de son château de Gambois.).....

» Laverdy fut traduit, le 3 frimaire an II (23 novembre 1793), devant le Tribunal révolutionnaire. Il fut constaté : 1° que Laverdy n'avait pas habité le château depuis plusieurs années ; 2° que le bassin dans lequel on avait trouvé quelques grains de blé, mêlés à de la boue, était de très-petite dimension et placé sur le bord du chemin ; 3° que le moindre accident arrivé à une charrette passant sur ce chemin, avait pu faire tomber dans le bassin quelques gerbes.....

» Au milieu des débats, survient Leprévost de Beaumont qui demande à être entendu, sans avoir été d'avance assigné comme témoin..... Leprévost de Beaumont débite devant les jurés son éternelle histoire, la même que celle qu'il avait fait insérer quatre ans auparavant dans le *Moniteur* et dans les *Révolutions de Paris;* il déclare que Laverdy, comme contrôleur général des finances, a été mêlé, il y a vingt ans, à cette affaire. Cette dénonciation, qu'aucune preuve ne corrobore, qu'aucun autre témoignage ne confirme, suffit pour opérer la conviction dans l'âme des jurés du Tribunal révolutionnaire, et Laverdy est condamné à mort. »

J.

I. « Traduits au Tribunal révolutionnaire de Paris, par arrêtés du Comité de sûreté générale de la Convention nationale, en date des 12 ventôse, 29 germinal, 1er nivôse an II et par mandats d'arrêt de Fouquier-Thinville ; condamnés à mort et exécutés le 3 floréal an II ; convaincus d'être auteurs ou complices des complots qui, depuis 1789, ont existé contre la liberté, la sûreté, la souveraineté du peuple français ; par suite desquels le Tyran, ses agents, ses complices et tous les ennemis du peuple ont tenté, par l'abus de l'autorité, par la corruption, par la guerre extérieure et intérieure, par les trahisons, les violences, les assassinats, les secours fournis en hommes et argent aux ennemis du dehors et du dedans, par des correspondances criminelles et des intelligences entretenues avec eux, et par tous les moyens possibles, de dissoudre la représentation nationale, de rétablir le despotisme et tout autre pouvoir attentatoire à la souveraineté du peuple :

» Despremenil, Le Chapellier, Thouret, Hell, Lamoignon-Malesherbes, Châteaubriand ;

» Le Pelletier-Rosambo, femme Châteaubriand ; Lamoignon-Malesherbes, femme Le Pelletier-Rosambo ; Chodkirvirck, femme Lubomirsk ; Rochechouart, veuve Du Châtelet ; Choiseul, femme Grammont ; Rochechouart, veuve Pontville. » (*XVIIIe siècle.* Pièces justificatives, tome XI, p. 476.)

II. « Traduits au Tribunal révolutionnaire de Paris..... condamnés à mort et exécutés le 21 floréal an II, comme complices des complots et conspirations formés par Capet, sa femme, sa famille, ses agents et complices, par suite desquels des provocations à la guerre civile dans l'intérieur ont été formées, des secours en hommes et argent ont été fournis aux ennemis, des intelligences criminelles entretenues avec eux, des troupes rassemblées, des chefs nommés, des dispositions préparées pour assassiner le peuple, anéantir la liberté et rétablir le despotisme :

« Élisabeth Capet fille ; Lamoignon, veuve Senozan (et vingt-trois autres personnes dont sept femmes mariées ou veuves et une fille). » — Extrait du même volume, p. 477.

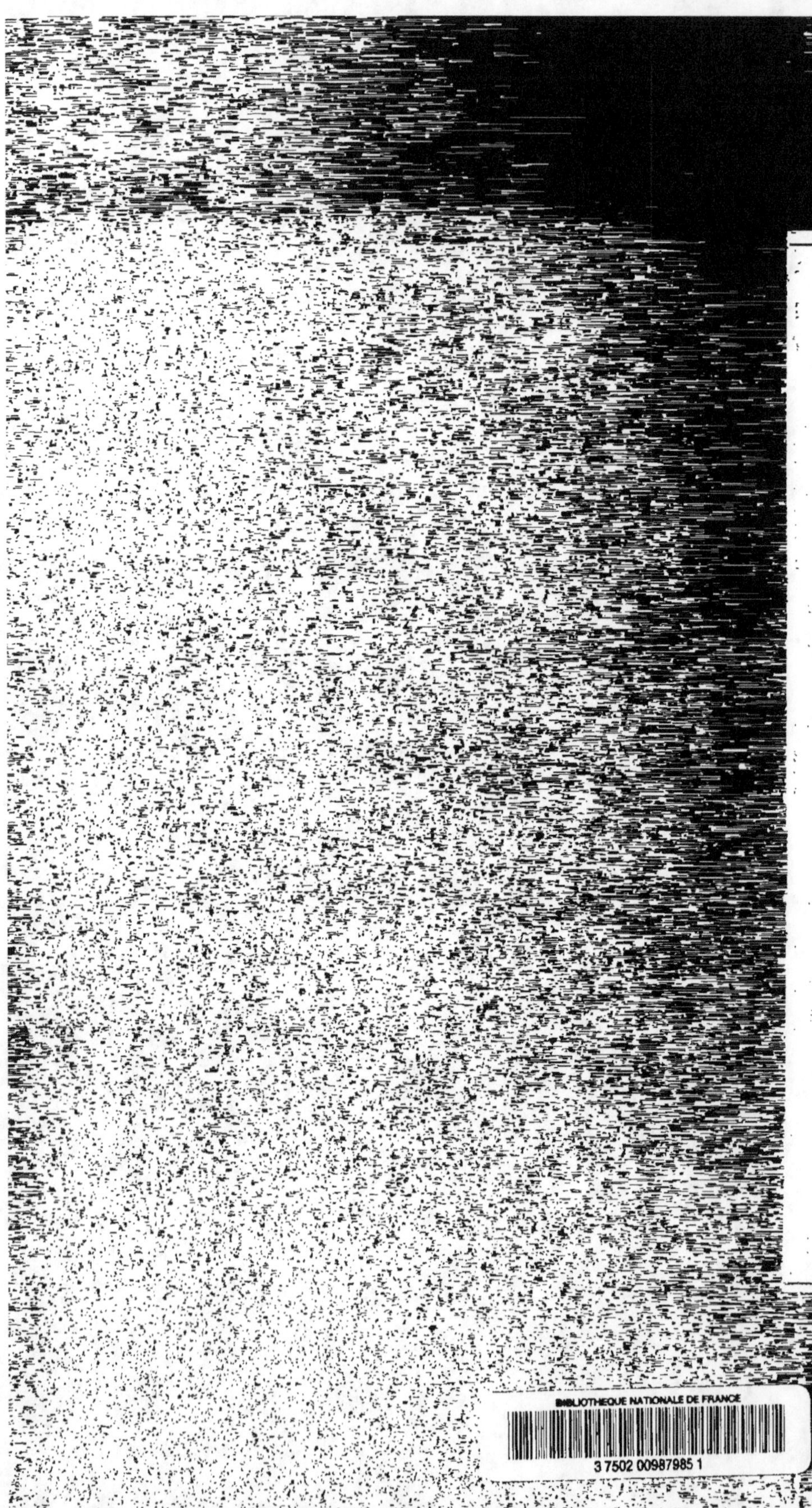